카메라를 대어 주세요

눈 감고 듣는 시 한 곡

눈 감고 듣는 시 한 곡

초판 1쇄 발행 2025년 4월 1일
2쇄 발행 2025년 9월 12일

지은이 전경섭
펴낸이 장현수
펴낸곳 메이킹북스
출판등록 제 2019-000010호

디자인 최선화
편집 최선화
교정 안지은
마케팅 김소형

주소 서울특별시 구로구 경인로 661, 핀포인트타워 912-914호
전화 02-2135-5086
팩스 02-2135-5087
이메일 making_books@naver.com
홈페이지 www.makingbooks.co.kr

ISBN 979-11-6791-682-2(03810)
값 16,900원

ⓒ 전경섭 2025 Printed in Korea

* 잘못된 책은 구입하신 곳에서 바꾸어 드립니다.
* 이 책의 전부 또는 일부 내용을 재사용하려면 사전에 저작권자와 펴낸곳이 동의를 받아야 합니다.
* 이 책의 본문 일부에는 마포꽃섬 서체가 사용되었습니다.

홈페이지 바로가기

메이킹북스는 저자님의 소중한 투고 원고를 기다립니다.
출간에 대한 관심이 있으신 분은 making_books@naver.com로 보내 주세요.

QR 음원 시집

눈 감고 듣는 시 한 곡 ♪

전경섭 지음

카메라를 대어보세요

메이킹북스

사랑하는 독자분들께

따스한 봄날, 행복한 추억을 쌓고 계신가요?

저의 첫 번째 시집 《이별을 더하다》를 출간한 지가 엊그제 같은데,
어느덧 여러분께 다섯 번째 시집을 선보이게 되었습니다.

이 모든 순간이 가능했던 것은
언제나 한결같이 저를 아껴 주시고 사랑해 주신
여러분 덕분입니다.

진심으로 감사드립니다.

그리하여 저는 그 마음에 보답하고자,
이제는 눈으로만 읽는 시가 아닌,
늘 바쁘신 #여러분 그리고
그동안 시집을 읽고 싶어도 읽으실 수 없었던
#시각장애인 분들과 함께 감상할 수 있는,
눈 감고도 느낄 수 있는 시집을 준비하게 되었습니다.

2019년부터 출간된 저의 시에 감성을 더해
가사를 만들었고,
AI 기술을 활용해 수만 번의 시행착오 끝에
한 곡 한 곡을 완성하며
정성을 가득 담아 곡을 탄생시켰습니다.

새로운 방식에 대한 두려움도 있었지만,
아무도 가보지 않은 길을 걸어간다는 설렘이 더 컸습니다.

이렇게 탄생한
저의 다섯 번째 시집 《눈 감고 듣는 시 한 곡》에는
저의 시를 바탕으로 그 시를 쓰며 느꼈던 감정들을
노래 가사로 담았으며,
가사 음미 후 오른쪽 하단 QR 코드를 통해
직접 노래를 들으시며
눈을 감고 감상하실 수 있도록 구성하였습니다.

그리운 이를 떠올리며 듣고 싶은 곡,
사랑을 속삭이는 곡,
때로는 이별의 아픔을 달래 주는 곡까지,

제 감성과 여러분의 감정이 하나 되어 흐를 수 있도록 정성을 다했습니다.

이 시집이 여러분께 작은 위로와 따뜻한 감동이 되길 바랍니다.

언제나 변함없는 사랑과 응원에 깊이 감사드리며,
여러분의 마음속에 오래도록 남는 시인이 되도록 더욱 노력하겠습니다.

사랑과 존경을 담아,
전경섭 올림

목차

사랑하는 독자분들께 ················· 4

눈 감고 듣는 시 한 곡 PART 1.

늦은 사랑 2 ················· 10
이별을 더하다 ················· 12
가슴이 말해요 ················· 14

눈 감고 듣는 시 한 곡 PART 2.

사는 이유가 그대라서 ················· 18
그대 흐르는 밤 ················· 22
하늘 ················· 24
슬픈 그리움 ················· 26
이별 ················· 28
사랑해도 사랑 못해 ················· 30
내 생애 가장 사랑한... ················· 32
둘이 된 다음날 ················· 34
가장 먼 이별 ················· 36
노을연가 ················· 38
오늘도 난 ················· 40
이별마저 사랑이었다 ················· 42
당신이 밉습니다-i miss YOU ················· 44
참회 ················· 46
바다에 서서 ················· 48

마지막 선물	50
그대 빈자리(그대만으로)	52
하루 더 이별	54
달빛연가	56
마지막 너를 보내며	58
눈물이 된 당신	60
다시 못 볼 내 사람(잘 가요 그대)	62

눈 감고 듣는 시 한 곡 PART 3.

늦은 사랑	68
늦은 사랑 2	70
늦은 사랑 3	72
늦은 사랑 4	74
늦은 사랑 5	76
늦은 사랑(에필로그)	78

눈 감고 듣는 시 한 곡 PART 4.

희망은 내 안에 있기에	82
나를 위한 기도	84
너니까	86
그대와 함께라면	88
한 사람	90

기존에 발간된 시집의 시를 바탕으로
시가 음악이 되는 새로운 경험의 감성시집!

"음악과 함께 읽는 시, 더 깊어지는 감성."

카메라에
QR을 대고,
눈을 감고

이제껏 몰랐던
당신의 감성을 느껴 보세요...

당신의
마음에 울려 퍼질
단 한 편의 시가

그리운 당신의
하나의 사랑을
만나러 갑니다...

눈 감고 듣는 시 한 곡
PART 1.

디지털 싱글 앨범 모음

- 늦은 사랑2
- 이별을 더하다
- 가슴이 말해요

스포티파이, 애플뮤직, 유튜브뮤직, FLO 등
각종 음원 사이트에서도
위의 곡들을 감상하실 수 있습니다.

늦은 사랑 2

(1편 이별을 더하다 中)

행복했다 말했지만
사랑했다 말했지만
같은 시간 다른 삶을
어찌 다시 살아갈까

그 자리에 없었다면
그대 모습 못 봤다면
지금 우린 모르는 체
아픔 없이 지낼 텐데

돌릴 수도 없는 시간
돌이킬 수 없는 사랑
아파하며 숨죽이며
세상에서 안 될 사랑

우린 왜 늦었을까
왜 이렇게 아픈 걸까
이젠 다 잊어야 할
세월 속 늦은 사랑

우린 왜 늦었을까
왜 이렇게 아픈 걸까
이젠 다 잊어야 할
세월 속 늦은 사랑

돌릴 수도 없는 시간
돌이킬 수 없는 사랑
아파하며 숨죽이며
세상에서 안 될 사랑

그대와 나
지난 시간 속
추억 되겠지만

나 사는 동안
그대는 내 안의
그리움으로

그렇게
피고 지겠지

늦은 사랑 2

이별을 더하다
(1편 이별을 더하다 메인 시)

매일 오늘과
이별하며 사는 우리
지쳐버린 하루 끝에서 널 떠올려
잊혀진 줄 알았던 네 목소리가
다시 또 내 귓가를 적셔

그래서 너와의 이별이 더 아픈가 봐
희미해진 기억 속에 넌 빛나는데
이별에 이별을 더하였으니
내 가슴은 멍울로 가득 차

너 없는 세상은 멈춘 듯 흐르고
날 떠난 자리에 바람만 스쳐 가네
남겨진 사랑은 나를 울리고
매일 너를 잃어가

텅 빈 시간 속에서 헤매는 나
네가 없는 길은 끝조차 보이지 않아
어제도, 오늘도, 내일도
널 놓을 수 없을 것 같아

그래서 너와의 이별이 더 아픈가 봐
눈 감으면 떠오르는 네 미소가

이별에 이별을 더하였으니
내 시간도 점점 무너져 가

너 없는 세상은 멈춘 듯 흐르고
날 떠난 자리에 바람만 스쳐 가네
남겨진 사랑은 나를 울리고 매일 너를 잃어가

끝내 돌아오지 않을 네 모습
기다림마저도 사라진 공허함
부서진 나날을 붙잡을 힘도 없이
나는 네 이름만 부르고 있어

너 없는 세상은 멈춘 듯 흐르고
날 떠난 자리에 바람만 스쳐 가네
남겨진 사랑은 나를 울리고
매일 너를 잃어가

매일 오늘과 이별하며 사는 우리
그래서 너와의 이별이 더 아픈가 봐
이별에 이별을 더하였으니
너는 내 전부였으니까

이별을 더하다

가슴이 말해요
(미발표작 중 그리움을 소재로 쓴 시)

수많은 계절이 흘러도
그리운 그대 얼굴

어제처럼 또렷하게
내 눈에 비춰져요

가슴이 말해요
사랑은 세월보다 강하다고

잊지 못할 그대 모습
내 안에 새겨졌죠

변하는 세상 속에서도
그대 향한 내 마음

조금도 변치 않고
여전히 뜨거운걸

가슴이 말해요
사랑은 세월보다 강하다고

잊지 못할 그대 모습
내 안에 새겨졌죠

시간이 지나도 난
그대를 생각해요

어디선가 또 만날
그날을 기다려요

가슴이 말해요
사랑은 세월보다 강하다고

잊지 못할 그대 모습
내 안에 새겨졌죠

가슴이 말해요

눈 감고 듣는 시 한 곡
PART 2.

이별, 그리움, 추억

사는 이유가 그대라서

(2편 사는 이유가 그대라서 中)

보고 싶지만
함께한 추억이 있기에
같은 하루를 살아가기에
저는 괜찮습니다

볼 수 없어도
그 음성 들을 수 없어도
같은 마음인 걸 알기에
저는 괜찮습니다

언젠가 함께할 그날이 오면
먼 산 보며 되새기던
보고 싶다 말 대신
보고 싶었다 하며

안아 줄 그날을 기다리며
오늘도 그대 없는 하루를
다시 또 살아갑니다

사는 이유가 그대라서

함께한 시간보다
함께할 시간이
더 멀리 있을지라도
저는 괜찮습니다

다시 우린
만날 것을 알기에
기약 없는 기다림조차
설렘입니다

먼 산 보며 되새기던
보고 싶다 말 대신
보고 싶었다 하며

안아 줄 그날을 기다리며
오늘도 그대 없는 하루를
다시 또 살아갑니다

사는 이유가 그대라서

함께한 시간보다
함께할 시간이
더 멀리 있을지라도
저는 괜찮습니다

다시 우린
만날 것을 알기에
기약 없는 기다림조차
설렘입니다

먼 산 보며 되새기던
보고 싶다 말 대신
보고 싶었다 하며

안아 줄
그날을 기다리며

오늘도…

당신도 누군가의
그리움입니다

사는 이유가 그대라서

그대 흐르는 밤

(3편 오늘 좀 그대가 보고 싶네요 中)

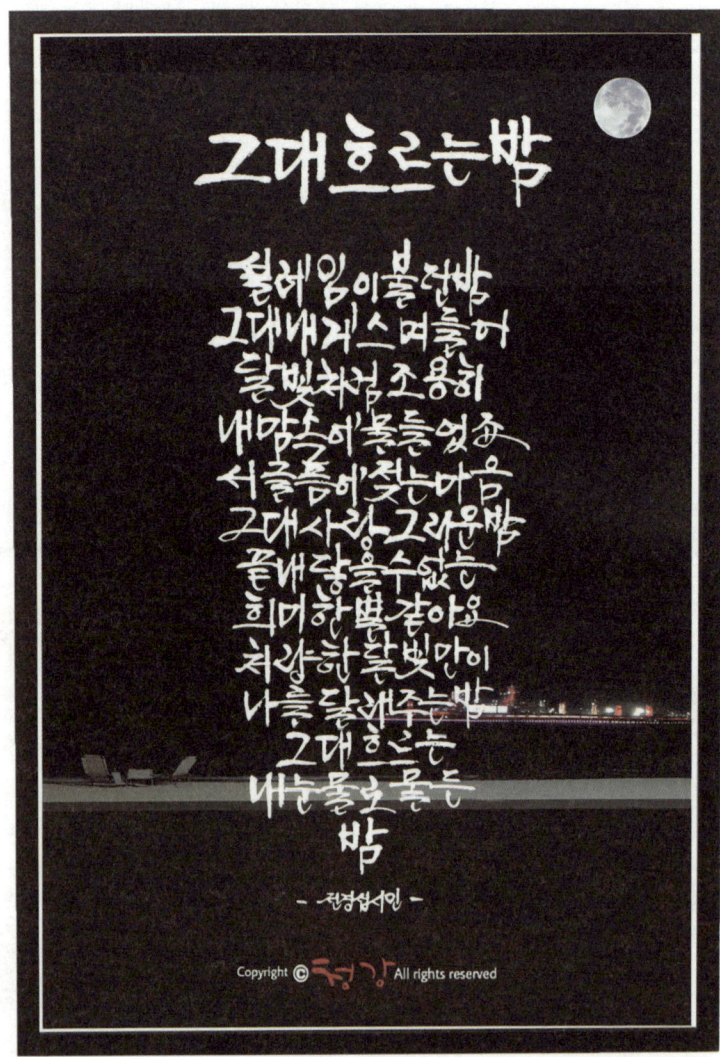

차가웠던 그날의 말
스치듯 멀어진 그대

가슴속에 새겨진 못다 한 이야기가
언젠가는 닿을까요

지나는 바람 속으로
내 맘을 전할 수 있을까요
그리운 그대여

처량한 달빛만이 나를 달래주는 밤
그대 흐르는 내 눈물로 물든 밤

기억 속 그대 미소 아직도 선명한데
잔인하게도 시간은 그리움만 남겨요

처량한 달빛만이 나를 달래주는 밤
그대 흐르는 내 눈물로 물든 밤
그대 사랑 너무나 그리운 밤...

보고 싶어요
오늘도

그대 흐르는 밤

하늘

(1편 이별을 더하다 中)

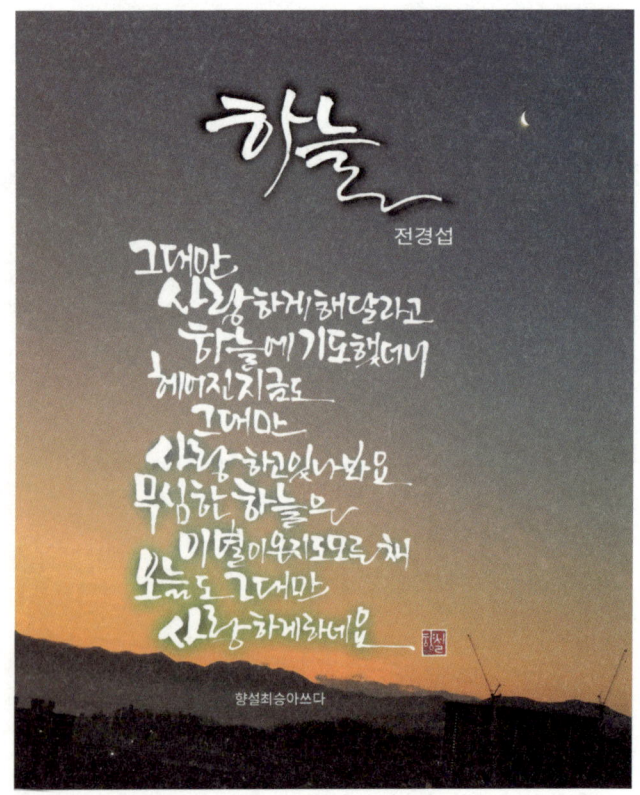

시간은 그리움 되어
나의 곁에 머물러

차마 지울 수 없는 이 사랑이
영원으로 번져가요

세월 흘러도 변치 않는 이 마음
하늘 아래 머물러

그리움 되어 내리는 비는
나의 눈물인가요

바람이 전해주는 추억 속에
그대 미소가 선명해요

왜 하늘은
나의 아픈 사랑을 모를까요

시간은 그리움 되어
나의 곁에 머물러

차마 지울 수 없는 이 사랑이
영원으로 번져가요

오늘도 무심한 하늘은
이별이 온지도 모른 채

그대만 사랑하게
하네요

하늘

슬픈 그리움
(1편 이별을 더하다 中)

코끝을 스치는 바람
차갑게 불어오네

저녁노을 붉게 물들어
그대 향기 떠오르네

내 눈물만 끝없이 흐르고
이 마음만 붉게 물들어

온 세상 그대만 보이네
그리움에 맘 시리네

천 번 만 번 그댈 찾고
내 마음 그댈 맴돌아

이런 난 슬픈 나는
그리움에 아파요

바람결에 실려온 말
그대 사랑 그리움

떠난 그대 기억만이
내 맘속을 적셔오네

손끝에 닿은 추억
이젠 멀리 사라진

하지만 난
난 여전히 그댈 그리워해요

천 번 만 번 그댈 찾고 내 마음 그댈 맴돌아
이런 난 슬픈 나는 그리움에 아파요

손끝에 닿은 추억 이젠 멀리 사라진
하지만 난 여전히 그댈 그리워해요

천 번 만 번 그댈 찾고 내 마음 그댈 맴돌아
이런 난 슬픈 나는 그리움에 아파요

슬픈 그리움

이별

(1편 이별을 더하다 中)

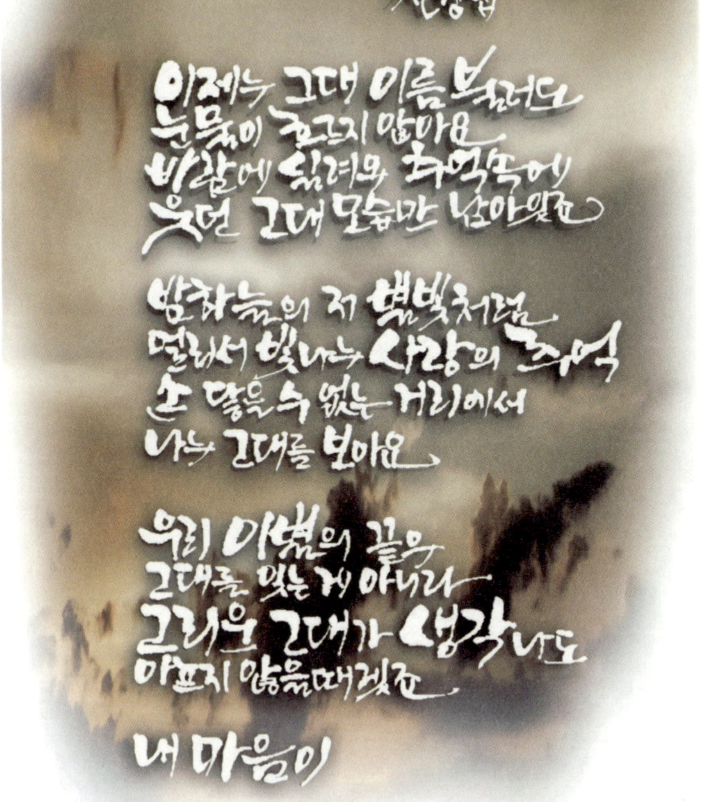

이별
전경섭

이제는 그대 이름 부르려고
눈물이 흐르지 않아요
바람에 잎새와 추억속에
웃던 그대 모습만 남아있죠

밤하늘의 저 별빛처럼
멀리서 빛나는 사랑의 추억
손 닿을수 없는 거리에서
나는 그대를 보아요

우리 이별의 끝은
그대를 잊는게 아니라
그리운 그대가 생각나도
아프지 않음이겠죠

내 마음이

Calligraphy Design by

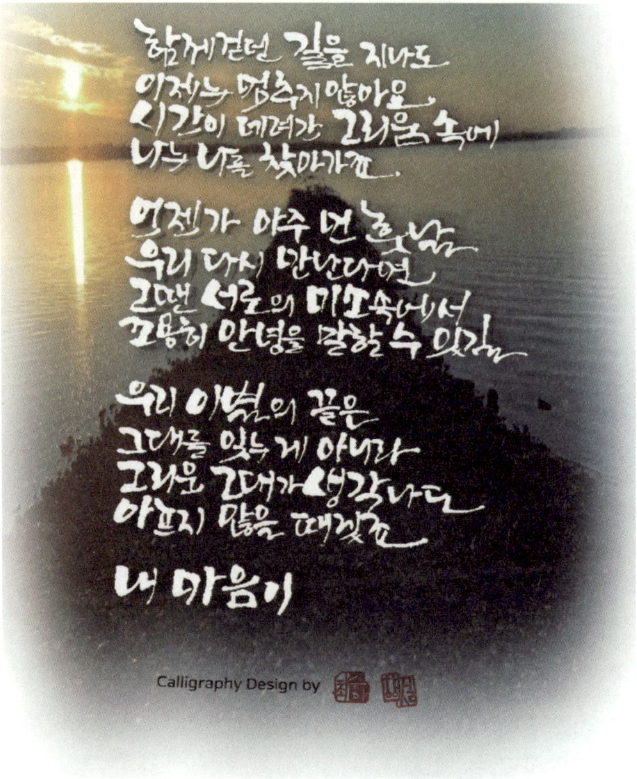

그대는 아름다운 계절 같은 사람
잊혀지지 않아도 괜찮아요

이제는 아프지 않은 그리움으로
평생을 그대와 함께할 테니까

이 별

사랑해도 사랑 못해
(1편 이별을 더하다 中)

사랑이 다가와도
그 사랑할 수 없고

아무리 사랑해도
이별이 끝인 우리

먼 곳에서 숨 죽여
행복만을 바랄 뿐

조금 늦게 찾아온
가여운 우리 사랑

사랑해도 사랑 못해
너를 안아줄 수 없어

너를 위해 떠나가
내가 아닌 널 위해

눈물마저 삼키면서 행복만을 빌어볼게
가슴속에 묻을 너 영원히 내 사랑아

가슴 깊이 새겨둔 지우지 못할 이름
바람처럼 사라진 너의 온기만 남아

잊으려 해 보지만 추억은 날 붙잡아
이별마저 사랑인 슬픈 운명이니까

사랑해도 사랑 못해 너를 안아줄 수 없어
웃어주던 너의 얼굴 이젠 마지막일까

이 길 끝에 혼자라도 널 위해 살아갈게
떠날 나를 미워해도 사랑만은 기억해

언젠가 우리 다시 만날 수 있다면
그땐 꼭 말할게 얼마나 너를 사랑했는지

사랑해도 사랑 못해 손을 잡아줄 수 없어
너를 위해 떠나가 내가 아닌 널 위해
너의 행복을 위해

사랑해도 사랑 못해

내 생애 가장 사랑한...
(미발표작 중 이별을 소재로 쓴 시)

아직은 함께한 우리 시간
내 삶에 스며들어 있어요

눈부신 햇살 속에 머물러도
그대 향기만이 나를 감싸죠

언젠가 혼자가 익숙해진다 해도
세월 흘러 계절에 피어난 꽃처럼

시간이 흐를수록 더 선명해지는
그대 향한 마음은 시들지 않겠죠

여전히 그대, 내 안에 살아서
달빛이 머무는 창가에 서면

그리운 그대 얼굴 스쳐가죠
내 생애 가장 사랑한 그대

바람이 노래하듯 속삭이면
그대의 목소리 들려오는 듯
시간이 멈춰버린 그 순간에
난 여전히 추억에서 서성이죠

언젠가 기억이 희미해진다 해도
내 마음 가장 깊은 곳에 머물 그대

가슴속 깊이 새겨진 그 순간들이
사는 동안 내 안에 남아 빛나겠죠

여전히 그대, 내 안에 살아서
달빛이 머무는 창가에 서면

그리운 그대 얼굴 스쳐가죠
내 생애 가장 사랑한 그대

잊으려 하면 더 짙어지는
그대란 이름의 따스한 온기

내 마음 가장 깊은 곳에
새겨진 슬픈 사랑

오늘도 난 그대네요
그대 사랑 그리운 난

내 생애 가장 사랑한

둘이 된 다음날

(3편 오늘 좀 그대가 보고 싶네요 中)

세상은 변한 게 없는데
왜 우리만 달라져 있을까요

어제와 같은 아침인데
왜 우리만 멀어져 있을까요

아무런 일도 없는 듯한데
왜 자꾸 눈물이 나는 걸까요

어제도 오늘도 보고 싶은 마음은 같은데
이제는 볼 수 없겠죠

우리는
어제 이별했으니까요

이른 아침 햇살 속에
우리 기억 떠오르네요

함께 웃던 그 순간들이
이제는 함께일 수 없죠

아무런 일도 없는 듯한데
왜 자꾸 눈물이 나는 걸까요

어제도 오늘도 보고 싶은 마음은 같은데
이제는 볼 수 없겠죠

우리는
어제 이별했으니까요

바람은 여전히 부는데
왜 우리만 이렇게 멈췄나요

새벽이 찾아와도
왜 우리 사이엔 어둠만 남았나요

아무런 일도 없는 듯한데
왜 자꾸 눈물이 나는 걸까요

어제도 오늘도 보고 싶은 마음은 같은데
그대를 잊어야겠죠

세월 속 그리움으로
그대를 새겨둘게요

나 사는 동안

둘이 된 다음날

가장 먼 이별

(1편 이별을 더하다 中)

보고 싶음이 더해서
그리움이 되었고

그리움이 더해서
서글픔이 되었다

같은 시간을 살지만
닿을 수 없는 그대는

이 별에서 가장
먼 이별을 한 사람이더라

손을 뻗어도 닿지 않아
눈을 감아도 느껴지지 않아

그대라는 이름 하나만 남아서
가슴 깊이 나를 울린다

멈춰진 추억을 더하니
지나간 사랑이 되었고

흐르는 시간을 더하니
차가운 그리움이 되었다

별빛 아래 멈춰 서서
그대 흔적을 찾으면

메아리마저 닿지 않는
이별만 남아 있더라

손을 뻗어도 닿지 않아
눈을 감아도 느껴지지 않아

그대라는 이름 하나만 남아서
가슴 깊이 나를 울린다

이 별에서 가장 먼 이별
그 끝에서 나는 서 있다

그대 없는 사랑은 끝나지 않아
그리움 속에서 여전히

가장 먼 이별

노을연가

(1편 이별을 더하다 中)

노을 지는 하늘 끝에
그리움 하나 더하니

붉게 물든 구름 위에
그대 모습 머금은 듯

바람결에 실어 보낸
그대 향한 나의 마음

그대 있는 그곳으로
한 번쯤은 닿을까요

그리움이 더한 추억
빛이 되어 흘러내려

눈물로 흐려진 분홍빛
노을이 되네요

별이 피는 고요한 밤 눈물조차 잠들 무렵
떨어지는 저 달빛은 그대 모습 비추네요

밤하늘에 전한 내 맘
별빛 안에 머물러

그대 있는 그곳으로
따스하게 내려 앉길

그리움이 더한 추억
빛이 되어 흘러내려

눈물로 흐려진 분홍빛
노을이 되네요

노을
지는 하늘에

눈물 하나
그리움 하나
더하니

그대가 되네요

노을연가

오늘도 난
(2편 사는 이유가 그대라서 中)

그리운 그대 숨결
바람처럼 스쳐가고

닿을 수 없는 나의 마음
눈물 되어 흐르네

얼어붙은 시간 속에
그대 미소만 남아서

그대 없는 나의 하루는
끝없이 추억을 헤매인다

그리운 그대는 왜
먼 기억에서만 사는 건지

흐르는 지금도
추억으로 물들어 가는데

흐릿해지는 추억의 그림자
사라질수록 더 선명해

그대 없는 나의 하루는
텅 빈 마음뿐이라서

지나간 계절의 끝에
그대 흔적만 남아

지울 수 없는 이 마음
다시 그댈 부른다

그리운 그대는 왜
먼 기억에서만 사는 건지

흐르는 지금도
추억으로 물들어 가는데

함께했던 시간 속 사랑을 놓지 못해
돌아오지 않는 그댈 오늘도 기다린다

함께하며
그리워하고 싶은 오늘

오늘도 난
그대가 몹시 그립다

오늘도 난

이별마저 사랑이었다
(3편 오늘 좀 그대가 보고 싶네요 中)

사랑은 내가 가질 테니
이별은 그대가 갖고 떠나요

내 맘 깊이 새겨진 그대를
이제는 보내줘야겠죠

추억으로 그댈 사랑하고
그리움으로 살아갈 테니

멀어지는 그대 뒷모습
나는 끝내 잡지 못해요

그저 그댄 행복하세요
나 없는 그곳에서

그대 없는 날이 고통이어도
눈물 안에서 그대를 품을 테니

지워도 지울 수 없는 그대
잊어도 잊혀지지 않는 그대

내 가슴속 깊이 새겨진 사랑
그 끝에서 난 헤매고 있어요

시간 지나도 지워지지 않는 그대
눈을 감아도 선명한 그대 미소

사랑은 나만 간직할 테니
이별은 그대 가져가 주세요

그저 그댄 행복하세요
나 없는 그곳에서

그대 없는 날이 고통이어도
눈물 안에서 그대를 품을 테니

내 사랑 그대
행복하길 바래요

나 아닌 다른
누군가를 사랑
하더라도

이별마저 사랑이었다

당신이 밉습니다-i miss YOU
 (3편 오늘 좀 그대가 보고 싶네요 中)

나의 곁에 없기에
다시 볼 수 없기에

더 이상 사랑할 수 없기에
당신이 밉습니다

함께 웃고 함께 울며
너무나 사랑했으니

어찌 그댈 잊을 수
있을까요

내 가슴에 흐르는 눈물처럼
멈출 수 없는 사랑이 남아

나 그댈 찾는 바람이 되어
끝없이 그대를 부릅니다

흐르는 달빛에도
스쳐가는 바람에도

그대가 함께합니다
보고 싶은 만큼 아파옵니다

내 가슴에 흐르는 눈물처럼
멈출 수 없는 사랑이 남아

나 그댈 찾는 바람이 되어
끝없이 그대를 부릅니다

그대 없는 세상은 텅 빈 하늘
별빛조차 잃어버린 밤이죠

사랑이란 이름 그대
미움조차 아름답습니다

내 가슴에 흐르는 눈물처럼
멈출 수 없는 사랑이 남아

나 그댈 찾는 바람이 되어
끝없이 그대를 부릅니다

미움마저 사랑입니다
여전히 사랑하는 그대니까요

당신이 밉습니다

참회

(1편 이별을 더하다 中)

그대 없으면
단 하루도 살 수 없다 했는데

오늘도 그댈 그리며 살아가
거짓말한 죄 달게 받으며

내 마음속에 그댄
여전히 별처럼 빛나고

잊으려 해도 잊을 수 없는
홀로 끝내지 못한 이 사랑

오늘도 그대 내 마음에 살아
눈을 감으면 그댈 볼 수 있어

달콤한 사랑에 난 빠져들어
나 하루 종일 그댈 그리워해

비 오는 거리에 함께한 추억
아직도 내겐 너무 선명한걸

시간이 가도 아물지 않는 상처
그대 없는 지금 내 마음엔 비가

길 위에 떨어진 낙엽처럼 쓸쓸해
그댈 잊으려 했던 맘은 무너지고

다시 돌아와 달라며 외쳐보지만
대답 없는 바람만 나를 스쳐가

오늘도 그대 내 마음에 살아
눈을 감으면 그댈 볼 수 있어

달콤한 사랑에 난 빠져들어
하루 종일 그댈 그리워해

달이 뜨면 하늘에 전할래
별빛 아래 그댈 지켜 달라고

꿈속에서라도 그댈 보고 싶어
꿈에서 깨면 한 번 더 이별일지라도

그대 없으면
단 하루도 살 수 없다 했는데
오늘도 나 그댈 그리며 살아가
거짓말한 죄 달게 받으며
그렇게 나 오늘도

참회

바다에 서서

(2편 사는 이유가 그대라서 中)

쏟아지는 햇살에 파란 하늘 바라보면
따뜻했던 그대 눈빛 가슴 안에 차오르고

밀려오는 파도에 바닷소리 부서지면
나지막한 그대 음성 내 귓가에 들려 온다

불어오는 바람이 나의 볼을 스칠 때면
자그마한 그대 손길 온몸으로 느껴지고

같은 시간 다른 삶을 살아가는 우리지만
이제는 더 이상 떠올리지 않아도

그대를 그릴 수 있다
아름다운 풍경만으로

하얗게 번진 구름 위에 수많은 꿈을 품고
저 멀리 작은 빛이 꺼지려 할 때마다

나의 작은 소원을 담아 편지를 쓴다
이 모든 것이 그대에게 전해지게

그대 있는 곳에
닿길 간절히 바라본다

이 노래가 끝나도 여전히 그댈 부를게
우리의 이야기는 영원히 끝나지 않으리

불어오는 바람이 나의 볼을 스칠 때면
자그마한 그대 손길 온몸으로 느껴지고

같은 시간 다른 삶을 살아가는 우리지만
이제는 더 이상 떠올리지 않아도

그대를 그릴 수 있다
아름다운 풍경만으로

그대라는 사랑만으로

바다에 서서

마지막 선물
(4편 누군가의 가슴에 꽃으로 사는 당신 中)

평생 이어질 그리움
모두 담을 수 있다면
오늘에 두고 갈 텐데

남은 제 삶에 스며 있어
사는 동안 전 그대인가
봐요

시린 그리움
가슴 베어도
사랑합니다

그대 제게 준
마지막 선물이기에

그리움이
아픔이 되어도
시간 속에 녹을 테니

내 마음속에
영원히

그대와 함께한 시간들
눈물 속에 간직하리
시린 그리움 가슴 베어도
눈물 속에 간직하리

시린 그리움 가슴 베어도
사랑합니다

그대 제게 준
마지막 선물이기에

마지막 선물

그대 빈자리(그대만으로)

(2편 사는 이유가 그대라서 中)

그대를 잊으려 노력해봐도
하루하루 시간이 흘러가도

머릿속엔 자꾸 그대 모습 떠올라
잊으려 할수록 더욱더
선명해져 가

날 보며 따스한 웃음지었던
그대 미소 난 잊을 수 없어

내 마음 깊은 곳엔 여전히
그리운 그대 사랑 숨 쉬고 있어

하루하루 지나가고 있어
그대 없는 시간 속에서

지워지지 않는 그대 모습
비우려 해도 한 번뿐인
내 하루만 지워져가

바람에 실려오는 그대 목소리
내 귓가에 머무르듯 스쳐가면

우두커니 난 생각에 잠기곤 해
그대가 곁에 있는 것만 같아서

하루하루 버텨가고 있어
행복했던 우리 추억만으로

지워지지 않는 그대 향기
여전히 내 가슴 안에 가득해

그대를 잊으려 노력해봐도
내 하루만 지워져가 오늘도

기억 속 멀어져 가는 그대 생각만으로
그렇게 난 하루하루 살아가

그대 빈자리

하루 더 이별

(2편 사는 이유가 그대라서 中)

스쳐가는 바람결에
떠나가는 구름처럼

흘러가는 세월 속에
멀어지는 그대라서

파란 하늘 그리움만
하염없이 흩날리고

쓸쓸하게 부는 바람
그대인 듯 스며든다

그대 향한 그리움
바람 따라 멀어져

구름 되어 흩어져
하늘 위에 맴돈다

그대 향한 그리움 바람 따라 멀어져
구름 되어 흩어져 하늘 위에 맴돈다

구름되어 흩어져
하늘 위에 맴돈다

흘러가는 세월 속에
멀어지는 그대라서

파란 하늘 그리움만
하염없이 흩날리고

쓸쓸하게 부는 바람
그대인 듯 스며든다

그대 향한 그리움
바람 따라 멀어져

구름 되어 흩어져
하늘 위에 맴돈다

구름 되어 흩어져
하늘 위에 맴돈다

하루 더 이별

달빛연가

(3편 오늘 좀 그대가 보고 싶네요 中)

시간 너머 흐르는
희미한 달빛 아래

나의 그리움 한 조각
살며시 실어 보내요

밤하늘을 하얗게
수놓은 은은한 별빛 따라서

그대 향한 내 마음도
조용히 스며들까요

바람 되어 흩어지는
작은 나의 이 노래가

잠시라도 그대 귓가에
머물러 함께하길

아직은 세월보다
느린 마음은
그대에게로 향하니까

깊어가는 밤하늘에
시 한 편 고이 띄워

지나는 바람결에
오늘도 전해 보아요

멀어지는 시간 속에
깊이 새겨진 아픈 이름
그대 향한 그리움이
밤하늘을 물들이네요

바람 되어 흩어지는
작은 나의 이 노래가

잠시라도 그대 귓가에
머물러 함께하길

아직은 세월보다
느린 마음은
그대에게로 향하니까

흐르는 달빛 따라
그대 머문 그곳에
그리운 내 마음 닿길 바래요

달빛연가

마지막 너를 보내며
(1편 이별을 더하다 中)

여전히 이쁘더라
아이 손을 마주 잡은 네 모습도

세월은 흘렀지만 가녀린 네 모습은
시간마저 비켜간 듯 눈부시기만 하다

행복할 수 없어 나를 떠나갔지만
행복한 네 모습을 보니 마음이 놓인다

다른 이의 사람이 된 우리
눈인사로 작별하며

같은 시간 다른 삶을
살아야 하겠지

행복해라
그때 그 사랑
그대 그 삶이 빛나도록

눈부신 시간 우리의 추억
가슴에 새겨두고서 새로워질 날들

그대의 웃음소리
아직도 생생해

세월이 가도
그대는 그대로

다른 이의 사람이 된 우리
눈인사로 작별하며

같은 시간 다른 삶을
살아야 하겠지

행복해라
그때 그 사랑
그대 그 삶이 빛나도록

마지막 너를 보내며

눈물이 된 당신

(미발표작 중 엄마를 소재로 쓴 시)

제발 좀 일어나라 학교 가야지
외치시던 그날의 당신이 그립습니다

아무리 소리쳐도 감은 눈 뜨지 않는
낯선 당신과의 이별 앞에서

어린 날 깨워주던 그 손길 그리워
아침 햇살 속에 따스한 미소를 찾아요

아무리 불러도 닿지 않는 제 목소리
이젠 추억 속에 당신은 남았죠

울지 말라고 하셨던 그 말이
여전히 귓가에 맴돌아 가슴 아프게

눈물 참을 수 없었던
그날의 나지만
이젠 보내 드릴게요

안녕 슬퍼도

곁에 없지만 여전히 내 안에 살아
못다 한 말 아직도 맘속에 남아서

보이지 않는 당신
여전히 느껴져요

안아줄 수 없지만
마음속에 함께하죠

울지 말라고 하셨던 그 말이
여전히 귓가에 맴돌아 가슴 아프게

눈물 참을 수 없었던 그날의 나지만
이젠 보내 드릴게요

안녕 슬퍼도

먼 훗날 다시 만나면 웃어줄게요
아픔 대신 행복만 가득하길 바래요

다시 한번 손 잡을 그 날까지
당신을 기억할게요

사랑하는 나의
엄마니까

눈물이 된 당신

다시 못 볼 내 사람(잘 가요 그대)

(2편 사는 이유가 그대라서 中)

차가운 땅 아래
내 사람 누워 있네

따뜻한 온기로
그댈 안고 싶네

그러지 못해
눈물 흘리네

뜨거운 눈물이
그대에게 스며드네

너만 그리워해
감싸 주기를

너무나 보고 싶어
다시 못 볼 내 사람아

밤마다 꿈속에
그대가 보이네

손 내밀어 보지만
닿지 않는 그대

그리운 마음에
가슴 아리네

눈물이 멈추지 않아
그대 없는 세상

너만 그리워해
감싸 주기를

너무나 보고 싶어
다시 못 볼 내 사람아

그리운 마음에
가슴 아리네

눈물이 멈추지 않아
그대 없는 세상

너만 그리워해
감싸 주기를

너무나 보고 싶어
다시 못 볼 내 사람아

다시 못 볼 내 사람

아름다운
오션뷰를 바라보며
시 한 곡 감상하기 좋은
포항 민박 펜션 명소!

아름다운
오션뷰를 바라보며
시 한 곡 감상하기 좋은
포항 카라반 펜션 명소!

포항 유니의바다 카라반 캠핑장

눈 감고 듣는 시 한 곡
PART 3.

1편 이별을 더하다
늦은 사랑 시리즈 연작시에 가사를 추가하여
만든 곡 모음!

늦은 사랑

사랑해선 안 될 우리
선택 따윈 없는 사랑

이별의 문턱에서
다시 한번 두 손 잡고

사랑한다 말하지만
아픔이라 새겨진다

손 놓으면 이별인데
돌아서면 못 볼 텐데

세상만은 놓지 못해
잡은 두 손 놓으려 하네

늦은 사랑 죄가 되는
아픈 세상 지금 우리

돌아보면 추억뿐
상처로 남긴 사랑

다시는 안 될 우리
하지만 난 널 원해

끝내야 하는 이 사랑
서로를 놓지 못해

마지막 인사 나누며
눈물 속에 남겨진다

세상만은 놓지 못해
잡은 두 손 놓으려 하네

늦은 사랑 죄가 되는
아픈 세상 지금 우리

늦은 사랑

늦은 사랑 2

행복했다 말했지만
사랑했다 말했지만
같은 시간 다른 삶을
어찌 다시 살아갈까

그 자리에 없었다면
그대 모습 못 봤다면
지금 우린 모르는 체
아픔 없이 지낼 텐데

돌릴 수도 없는 시간
돌이킬 수 없는 사랑
아파하며 숨죽이며
세상에서 안 될 사랑

우린 왜 늦었을까
왜 이렇게 아픈 걸까
이젠 다 잊어야 할
세월 속 늦은 사랑

우린 왜 늦었을까
왜 이렇게 아픈 걸까
이젠 다 잊어야 할
세월 속 늦은 사랑

돌릴 수도 없는 시간
돌이킬 수 없는 사랑
아파하며 숨죽이며
세상에서 안 될 사랑

그대와 나
지난 시간 속
추억 되겠지만

나 사는 동안
그대는 내 안의
그리움으로

그렇게
피고 지겠지

늦은 사랑 2

늦은 사랑 3

함께해선 안 될 사람
함께 못해 슬픈 사랑

같은 마음 간직하고
세월 따라 흘러간다

추억으로 사랑하고
그리움에 눈물 나는

지켜주지 못했기에
가슴 저린 단 한 사람

조금 늦은 사랑 앞에
돌아서는 뒷모습은

다시 못 볼 우리들의
가슴 아픈 사랑인가

다음 세상 꼭 만나서
못다 이룬 우리 사랑

바래보고 바래본다
간절하게 기도한다

달빛 아래 맺은 인연
별빛처럼 빛나다가

아침 되어 사라지는
그대와의 슬픈 사랑

조금 늦은 사랑 앞에
돌아서는 뒷모습은

다시 못 볼 우리들의
가슴 아픈 사랑인가

그리움에
아파해야 할

맺지 못할
우리들의 사랑인가

늦은 사랑3

늦은 사랑 4

사랑하지만
함께할 수 없는 우리

닿을 수 없는 인연 속에
담을 수 없는 운명인 것을

하늘을 바라보며 흘린 눈물
눈물 안에 그대 있어

자꾸만 눈물이 나는가 봐
보고 싶어서 안고 싶어서

엇갈린 세월의 흐름 속에
빗나간 사랑의 열병만이

같은 마음 간직한 채
갖지 못해 슬퍼한다

사랑하지만
함께할 수 없는 우리

닿을 수 없는 인연 속에
담을 수 없는 운명인 것을

오늘 난 세상에서
가장 슬픈 소리를 들었다

그녀가 목놓아
우는 소리를

엇갈린 세월의 흐름 속에
빗나간 사랑의 열병만이

같은 마음 간직한 채
갖지 못해 슬퍼한다

그렇게 난
슬퍼 운다

늦은 사랑4

늦은 사랑 5

그대와 나
함께할 수 없어

함께할수록
우리가 더 아파 와

빛나던 순간들이
추억으로 남아서

눈물로 맺혀
너를 잊을 수 있을까

늦어 버린 사랑 앞에서
우리 시간 멈춘 듯해

아픈 마음 쓸어안고
눈물로 널 떠나보내

너와의 수많은 약속들
이제는 아무 의미 없는데

떨리는 내 맘 이젠
마지막 네 모습 바라봐

떨어지는 낙엽처럼
우리 사랑도 흩어져 가

추억의 조각들 흩날리며
떠나가는 너의 뒷모습

늦어 버린 사랑 앞에서
우리 시간 멈춘 듯해

아픈 마음 쓸어 안고
눈물로 널 떠나보내

희미해져 가는
너의 미소가

여전히 나의
마음속에 녹아들어

오늘도...

늦은 사랑5

늦은 사랑(에필로그)

허락되지 않은 사랑
끝을 향해 사랑했다

슬펐지만 행복했다
짧았지만 고마웠다

약속할게 다음 생엔
늦지 않게 네게 갈게

다시 못 올 우리 사랑
이젠 정말 이별이다

버틸 수 있을까
이 아픔을

사랑했던 만큼
힘들겠지

약속해 줄래
다음 생엔

우리 사랑
시간에 새겨진다고

그토록 바랬던 시간들
이제는 뒤로하고

다음 생에 다시 만나
그때는 놓지 않을게

이별의 시간을 걸어
아픈 추억 가슴에 안고

네가 없는 사랑
홀로 하며 살아갈 수 있을까

버틸 수 있을까, 이 아픔을
사랑했던 만큼 힘들겠지

약속해 줄래, 다음 생엔
우리 사랑 시간에 새겨진다고

가슴 아파도
너를 기억할게

다음 생에 우리
만나는 그날까지

늦은 사랑(에필로그)

눈 감고 듣는 시 한 곡
PART 4.

희망, 사랑

시로 노래하다

희망은 내 안에 있기에

(3편 오늘 좀 그대가 보고 싶네요 中)

여전히
세월보다 더딘 마음이
지난날들을 추억하게 하지만

나는 괜찮다
살아보지 않은 다가올 날들이
내 생애 가장 빛날 것이란 걸
나는 알고 있기에

어둠 속에서도
빛을 찾을 수 있어

미래가 불안해도
난 지금을 살아가
날 기다리는 내 꿈을 향해

수많은 시련이 나를 찾아왔지만
난 포기할 순 없었어
모든 상처가 나를 강하게 만들었지
지금 난 더욱 강한 나로

수많은 시련이 나를 찾아왔지만
난 포기할 순 없었어

모든 상처가 나를 강하게 만들었지
지금 난 더욱 강한 나로

지난 멈춰진 날보다 지금 걷는 오늘이
꿈의 연속이란 걸 나는 알고 있기에
후회 속에서도 희망을 찾을 수 있어

미래가 불안해도 난 웃을 수 있어
언젠가 닿을 내 꿈을 알기에

새벽이 오기 전에 밤이 더 깊어지듯
내 인생도 그렇게 밝아올 거야

한 걸음씩 내디디며 날 믿고 나아가
내 생애 가장 빛날 그날을 위해

행복은 내 안에 있다는 걸 알고 있기에
좌절 속에서도 희망을 찾을 수 있어

거친 사막에도 꽃이 피어나듯
서투른 내 삶에도 꿈은 이뤄질 거야

오늘도 난 멈추지 않기에

희망은 내안에 있기에

나를 위한 기도
(3편 오늘 좀 그대가 보고 싶네요 中)

아직은 새로운 오늘과 마주하지만
언젠가 마지막이 될 오늘을 맞이하겠지

끝을 향해 끌려가는 삶이 아닌
꿈을 향해 다가서는 내가 되길

먼 훗날 자꾸만 눈이 감기려 할 때
잘 살았다 미소 지으며 잠들 수 있게

언제까지나 나의 길을 걸어가며
후회 없는 삶을 살고 싶어

꿈을 꾸며 나의 하루를 채우고
날아오르는 그 순간을 느끼며

영원 속으로 나의 마음을 담아
빛나는 내일을 향해 걸어가

매일 아침 햇살이 나를 비추면
춤추듯이 나의 하루 시작하겠지

계속되는 변화 속에 멈추지 않고
끝없는 도전을 나는 두려워하지 않아

어떤 길이 나를 기다리더라도
꿈을 향해 나아가면 돼

결국엔 내가 만들어갈 이야기는
아무도 대신할 수 없는 나의 것

감사하며 나의 하루를 채우고
사랑으로 이 순간을 느끼며

영원 속으로 나의 마음을 담아
빛나는 내일을 향해 걸어가

나를 위한 기도

너니까
(3편 오늘 좀 그대가 보고 싶네요 中)

만일 내가 사랑을 앓는다면
그 사람이 너였으면 좋겠다

깊은 밤 잠 못 들며
긴 한숨 내쉬는 그 아픔이
너였으면 좋겠다

너라면 내 마음 알 것만 같아서
너라면 아픔마저 사랑할 수 있을 것 같아서

하지만 그 이별 오지 않았으면 좋겠다
우리 사랑하는 동안엔

그대로 내게 오세요
내 맘에 머물러 줘요

너 없이는 살 수 없어
내 사랑 안에 갇혀서

그대로 내게 오세요
나의 기적이 되어 주세요
두 눈을 감고서라도 나만을 사랑해 줘요

깊은 밤 잠 못 들며
긴 한숨 내쉬는 그 아픔이

너였으면 좋겠다

그대로 내게 오세요
내 맘에 머물러 줘요

너 없이는 살 수 없어 내 사랑 안에 갇혀서
그대로 내게 오세요 나의 기적이 되어 주세요

두 눈을 감고서라도 나만을 사랑해 줘요
그대로 내게 오세요 내 맘에 머물러 줘요

너 없이는 살 수 없어
내 사랑 안에 갇혀서

그대로 내게 오세요
나의 기적이 되어 주세요

두 눈을 감고서라도
나만을 사랑해 줘요

너니까

그대와 함께라면
(2편 사는 이유가 그대라서 中)

향긋한 꽃내음
진해지는 봄날

아름다운 나비처럼
세상에 닿은 단 한 사람

세월 흘러
모든 꽃이 진다 해도

봄향기 머금은
그대 있기에

계절이 지나도
슬프지 않습니다

제겐 그대가
봄이니까요

가벼운 바람이
속삭이는 이 순간
내 마음속엔 그대가 머물고 있어

흩날리는 꽃잎도
그대를 닮았어요

조용히 피어나
나를 감싸주네요

희망의 빛으로
가득한 이 순간

그대와 함께
매일을 걷고 싶어요

계절이 지나도
슬프지 않습니다

제겐 그대가
봄이니까요

언제까지나
세상 어디라도
빛이 되어주세요

늘 지금처럼
나를 위해

그대와 함께라면

한 사람
(미발표작 중 연인을 소재로 쓴 시)

한 사람을 사랑하면
그대 세상도 사랑하게 되네요

그대 작은 말투까지
내 안에 스며들어요

평소엔 먹지 않던 음식도
그대 취향을 따라가고

말없이 참아내던 힘든 순간도
그댈 위해 할 수 있어요

그대 나를 보며 웃을 때마다
내 맘이 따뜻해져요

그대로 인해 변해가는 나
이게 사랑이겠죠

그대 눈빛에 담긴 말 말하지 않아도
곁에 있어 주는 것만으로도
충분한 사랑이 느껴져요

그대 좋아하는 노래를
따라 부르게 되고

가끔은 서툰 내 모습도
그대로 인해 빛이 나요

그대 보며 꿈을 꾸어요
매일이 설레어지네요

그대와 함께 변해가는 나
이게 바로 사랑이겠죠

그대와 함께하는 이 변화
평생 기억할게요

살아가는 동안
더 사랑할게요

오늘도 덕분에 행복해요
그대를 만나 내 세상이
빛나니까요

한 사람